BEI GRIN MACHT SICH IHR WISSEN BEZAHLT

- Wir veröffentlichen Ihre Hausarbeit,
  Bachelor- und Masterarbeit

- Ihr eigenes eBook und Buch -
  weltweit in allen wichtigen Shops

- Verdienen Sie an jedem Verkauf

Jetzt bei www.GRIN.com hochladen
und kostenlos publizieren

Sandra Röches

Integration von Behinderten

GRIN Verlag

Bibliografische Information der Deutschen Nationalbibliothek:

Die Deutsche Bibliothek verzeichnet diese Publikation in der Deutschen National-
bibliografie; detaillierte bibliografische Daten sind im Internet über http://dnb.d-
nb.de/ abrufbar.

Dieses Werk sowie alle darin enthaltenen einzelnen Beiträge und Abbildungen
sind urheberrechtlich geschützt. Jede Verwertung, die nicht ausdrücklich vom
Urheberrechtsschutz zugelassen ist, bedarf der vorherigen Zustimmung des Verla-
ges. Das gilt insbesondere für Vervielfältigungen, Bearbeitungen, Übersetzungen,
Mikroverfilmungen, Auswertungen durch Datenbanken und für die Einspeicherung
und Verarbeitung in elektronische Systeme. Alle Rechte, auch die des auszugsweisen
Nachdrucks, der fotomechanischen Wiedergabe (einschließlich Mikrokopie) sowie
der Auswertung durch Datenbanken oder ähnliche Einrichtungen, vorbehalten.

Impressum:

Copyright © 2004 GRIN Verlag GmbH
Druck und Bindung: Books on Demand GmbH, Norderstedt Germany
ISBN: 978-3-640-87005-9

Dieses Buch bei GRIN:

http://www.grin.com/de/e-book/26130/integration-von-behinderten

GRIN - Your knowledge has value

Der GRIN Verlag publiziert seit 1998 wissenschaftliche Arbeiten von Studenten, Hochschullehrern und anderen Akademikern als eBook und gedrucktes Buch. Die Verlagswebsite www.grin.com ist die ideale Plattform zur Veröffentlichung von Hausarbeiten, Abschlussarbeiten, wissenschaftlichen Aufsätzen, Dissertationen und Fachbüchern.

Besuchen Sie uns im Internet:

http://www.grin.com/

http://www.facebook.com/grincom

http://www.twitter.com/grin_com

Fachhochschule Düsseldorf

Fachbereich 6

Sozialpädagogik

Behindertenpädagogik

Integration von Behinderten

Sommersemester 2004

Sandra Röches

2. Fachsemester

Inhaltsverzeichnis

1. Definition

Das Wort <u>Integration</u> stammt vom lateinischen Verbum „integrare" (in etwa „ergänzen, wiederherstellen") und von dem Adjektiv „integer" („unberührt", „ganz") ab.
Über die Philosophie und besonders durch die Soziologie, Psychologie und Bildungspolitik des 19. Jahrhunderts erlangte der Integrationsbegriff seine heutige gesellschaftliche Bedeutung. (Cloerkes, 2001, S. 173).
Integration bezeichnet eine gemeinsame (z.B. schulische) Daseinsgestaltungsform von Menschen mit (z.B. infolge einer Behinderung) voneinander abweichenden (z.B. das Lernen betreffenden) Erlebnis- und Erfahrungsweisen und Bewältigungsformen. (Kobi, 1999, S. 242)
Integration meint die Gemeinsamkeit von behinderten und nichtbehinderten Menschen in allen Lebensbereichen der Gesellschaft, z.B. das gemeinsame Unterrichten von behinderten und nichtbehinderten Kindern. „Integration ist ein Grundrecht im Zusammenleben der Menschen" (Muth, 1992 zit. in Cloerkes, 2001, S. 206), das zwischenzeitlich auf Beschluss des Deutschen Bundestages 1994 gesetzlich im Grundgesetz (Art. Abs. 3.2 GG) verankert wurde.

2. Ziel der Integration

Aus behindertensoziologischer Sicht ist das Verständnis von Integration als Entstigmatisierung wesentlich. Integration ist danach ein auf Solidarität und Emanzipation ausgerichteter Interaktionsprozess, der sich die bestmögliche Teilhabe eines Behinderten an allen gesellschaftlichen und sozialen Prozessen der Nichtbehinderten (Familie, Kindergarten, Schule, Beruf, Freizeit, Öffentlichkeit...), ohne dass sich der Behinderte selbst dabei unwohl fühlt, zum Ziel gesetzt hat.
Integration ist Weg und Ziel zugleich. Integration als Weg meint die Mittel, die man einsetzt, um das Ziel zu erreichen.
Untersuchungen ergaben folgende Erfolge:
Toleranz, intellektuellen und emotionalen Gewinn, positive Entwicklungen im psychosozialen Bereich, kognitive Fortschritte, höhere Wertschätzung, respektieren der Grenzen Anderer, Fürsorgeentwicklung, etc. (Prengel, 1995).

2.1. Zielgleiche Integration

Die Integration von Kindern und Jugendlichen, die auch mit ihrer Behinderung den Leistungsanforderungen, die an gleichaltrige nichtbehinderte Kinder und Jugendliche gestellt werden, ohne größere und aufwendigere Maßnahmen entsprechen können, hat schon immer stattgefunden, ohne dass der Integrationsbegriff dafür verwendet wurde.
Bei *zielgleicher Integration* hat sich der Behinderte Mensch dem System Schule und all seinen Anforderungen voll unterzuordnen. Zielgleiche Integration ist zugleich auch selektive (aussondernde) Integration. Denn so wird eine neue Gruppe definiert: Die „nicht integrierbaren Behinderten". Die *zielgleiche Integration* verursacht jedoch kaum Mehrkosten, da der sonderpädagogische Förderbedarf keine oder nur sehr geringe personelle, sächliche oder räumliche Veränderungen notwendig macht.

2.2. Zieldifferente Integration

Von *zieldifferenter Integration* spricht man, wenn behinderte Kinder am Unterricht von nichtbehinderten Kindern teilnehmen dürfen, obwohl sie nicht den lehrplanmäßigen Anforderungen der Regelschule entsprechen können.

Dies kann nur durch ein Mehr-Pädagogenteam (meist ein Regelschullehrer und ein Sonderschullehrer, die gemeinsam unterrichten) ermöglicht werden. *Zieldifferente Integration* heißt, dass jeder Behinderte, unabhängig von Art, Ausmaß und Schweregrad seiner Behinderung, nach dem Lehrplan unterrichtet wird, nach dem er auch an der Sonderschule unterrichtet werden würde. Ein zieldifferenter Unterricht ist ein binnendifferenzierter Unterricht, das heißt, dass die Ziele, die Inhalte, die Methoden und die Medien unterschiedlich sind.

Die *zieldifferente Integration* ist sehr kostenintensiv, da sie nicht ohne veränderte Rahmenbedingungen, fachlich qualifizierte Pädagogen und Therapeuten, sowie ein hohes Maß an integrativer Didaktik und Methodik stattfinden kann (Cloerkes, 2001).

In der Praxis bedeutet dies, dass es in integrativen Schulklassen keine verbindlichen Lernziele mehr gibt, sondern individuell auf das Können der Kinder ausgerichtete Lernziele.

Annedore Prengel (1995, S.161) betont, dass es zum Grundkonsens der Integrationspädagogik gehört, dass sich Gemeinsamkeit in der Gruppe herstellen kann und dass Kinder nicht isoliert voneinander auf ihrem jeweiligen Lernniveau für sich arbeiten, sondern dass sie an den Erfolgen der Anderen teilhaben und einander helfen.

3. Kooperation- Bindeglied zwischen zielgleicher und zieldifferenter Integration

Die Kooperation ist ein wichtiger Schritt in Richtung Integration.

Feuser (1995) unterscheidet zwei Formen des Kooperations-Modells. In beiden Modellen ist der Schulstandort auch für die behinderten Schüler nicht mehr die Sonderschule, sondern die Regelschule. In der ersten Form wird eine Gruppe behinderter Kinder zusammen mit ihren Lehrern und Therapeuten räumlich in die Regelschule verlegt. Sie erhalten dort ein Klassenzimmer, in dem sie nach dem System der Sonderschule unterrichtet werden. Dieser Klasse ist eine sogenannte Kooperationsklasse zugeordnet, die nach dem System der Regelschule Unterrichtet wird. Es finden kleine gemeinsame Projekte statt, sowie gemeinsamer Unterricht in einzelnen Fächern wie z.B. Kunst oder Religion.

Die zweite Variante unterscheidet sich darin, dass in einer Kooperationsklasse die behinderten Kinder mit den nichtbehinderten Kindern gemeinsamen Unterricht erhalten. Nur für spezielle Therapie- und Förderangebote findet eine räumliche Trennung statt. Der Unterricht selbst wird auf der Grundlage der jeweiligen Lehrpläne aus Sonder- und Regelschule differenziert nach Zielen, Inhalten, Methoden und Medien abgehalten. Dieser Unterricht ist sehr zeit- und vorbereitungsintensiv und verlangt ein hohes Maß an Kooperation bei den beteiligten Lehrkräften. Die Schwäche der integrativen Gruppe liegt darin, dass sie meistens ein überregionales Einzugsgebiet haben und nicht in der Lage sind, Kontakte in den wohngebietsnahen Lebenszusammenhängen zu fördern (Hössl, 1997, S.152).

Kooperation ist nicht die beste Form der Integration, sie stellt jedoch einen Kompromiss dar, vor allem dann, wenn umfassendere strukturelle Veränderungen und bildungspolitische Lockerungen zunächst nicht erwirkt werden können (Cloerkes, 2001).

Die sogenannte Einzelintegration behinderter Kinder in wohnortnahen Regelkindergärten und – schulen hat den Vorteil, dass Kontakte außerhalb, also in der Nachbarschaft, besser gepflegt werden können, wenn die Kinder zusammen in die Schule oder den Kindergarten gehen. Der Nachteil allerdings besteht darin, dass meist nicht ausreichende heilpädagogische und therapeutische Möglichkeiten vorhanden sind und auch die Gruppen zu groß sind. Ob die Unterbringung eines Kindes in einer solchen Einrichtung sinnvoll ist, kann nur im Einzelfall entschieden werden (Hössl, 1997).

4. Grundsätze und fundamentale Prinzipien für das Verständnis von Integration

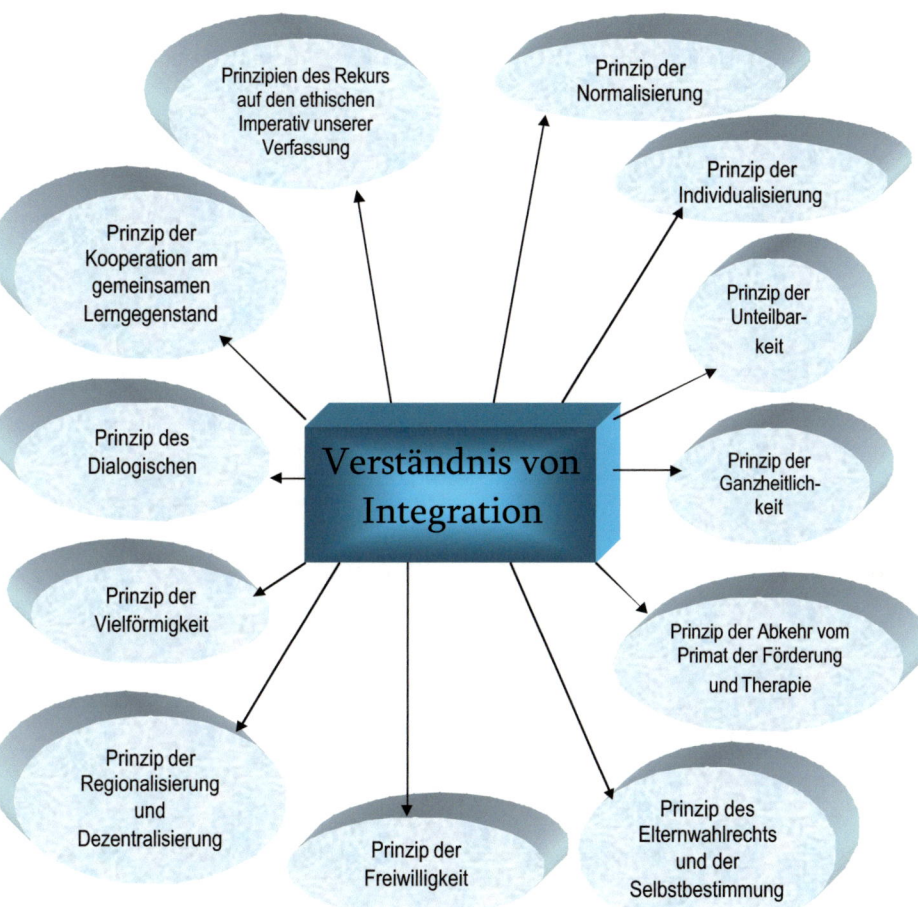

(Cloerkes, 2001)

5. Rahmenbedingungen der schulischen Integration

Die gemeinsame Erziehung, Bildung und Unterrichtung behinderter und nichtbehinderter Kinder und Jugendlicher braucht günstige und gesicherte Rahmenbedingungen.
Der **Verband Deutscher Sonderschulen** (1994) nennt folgende Beispiele tatsächlich stattfindender Formen der Integration in den deutschen Bundesländern:

- Integrativer Schulanfang im Grundschulbereich
- Langzeitklassen (Dehnungsklassen) in Sonder- und Regelklassen
- Sonderpädagogische Diagnose- und Förderklassen
- Sonderpädagogische Kleinklassen, Sonderklassen, Außenklassen in Regelschulen
- Kooperationsformen zwischen Sonder- und Regelschule bis hin zum Verbundsystem
- Sonderschullehrkräfte an Regelschulen, stundenweise (ambulant) oder dauerhaft
- Mobile sonderpädagogische Dienste
- Sonderpädagogische Förderzentren in unterschiedlichen Formen und Aufgabenstellungen
- Integrationsklassen in Sonderschulen („umgekehrte Integration")
- Integrationsklassen in Regelschulen (Zwei Lehrer-System, 3-4 verschieden behinderte Kinder plus 16-17 nichtbehinderte Kinder)
- Einzelintegration in der wohnortnahen Regelschule (mit stundenweiser sonderpädagogischen Unterstützung)
- Integrative Regelschulen

Die gemeinsame Erziehung, Bildung und Unterrichtung behinderter und nichtbehinderter Kinder und Jugendlicher braucht günstige und gesicherte Rahmenbedingungen:

- o Fort- und Weiterbildung vor Beginn der integrativen Praxis für das Personal
- o Praxisbegleitende Fort- und Weiterbildung in allen integrationsrelevanten Fragestellungen aus Theorie und Praxis
- o Erwerb von Kompetenzen für die integrative Erziehung, Bildung und Unterrichtung bereits in der 1. und 2. Phase der Lehrerausbildung
- o Reduktion der Gruppenstärken und Klassenfrequenzen
- o Team- Teaching: Sonder- und Regelpädagoge arbeiten kooperativ zusammen
- o Schaffen der baulichen und räumlichen Voraussetzungen, orientiert an den Bedürfnissen und Besonderheiten der aufzunehmenden Kinder
- o Lernanregende und behindertengerechte Gestaltung von Schulraum und Schulgelände
- o Anschaffung von Spiel-, Lern-, Förder- und Therapiematerial
- o Intensive und kooperative Elternarbeit
- o Kooperation mit Fachdiensten, Schulämtern, Gesundheitsämtern, etc.
- o Eventuell externe Supervision

Diese Rahmenbedingungen machen deutlich, dass sie individuell auf die beabsichtigte Organisationsform bzw. die Kinder abgestimmt werden müssen.
(Cloerkes, 2001, S.195)

6. Soziologisch relevante Ergebnisse und Erkenntnisse

6.1. Stand der schulischen Integration

6.1.1. Internationale Entwicklungen

Erst in den 80er Jahren gewann die schulische Integration an Bedeutung. Schon Mitte der 70er Jahre hatten die USA, Neuseeland, Kanada und Australien, sowie England, Italien und die skandinavischen Länder unter dem Einfluss des Normalisierungsprinzips und der Psychatriereformen behinderte Kinder und Jugendliche aus dem allgemeinbildenden Schulen nicht mehr ausgeschlossen. Andere Länder (auch Deutschland) behielten ihr selektives Schulsystem.

Heute haben alle Länder der europäischen Union integrative Wege eingeschlagen.
Am 25.02.1993 beschloss der EU-Rat das Programm HELIOS II (=handicapped people in the European Community living independently in an open society) zur Förderung der Chancengleichheit von Menschen mit Behinderungen. Neben der Rehabilitation erhielt der Bildungsbereich erstmalig eine integrative Ausrichtung.

Statistische Vergleiche der Länder hinsichtlich ihrer Integrations- bzw. Segregationsquote sind schwierig, da weder eine einheitliche Datenerfassung noch ein einheitliches Begriffsverständnis von Behinderung oder Integration vorausgesetzt werden kann.

Unter diesen Vorbehalten erfasste der OECD für den Zeitraum 1987 bis 1991 in 21 europäischen Ländern eine Datenerhebung (OECD, 1995).

Behinderte Schüler/-innen zwischen Integration und Aussonderung im internationalen Vergleich

Rang-folge	Land	Integrations-quote	Anteil der Sonderschüler an allen Pflichtschulen	Kinder mit sonderpäd. Förderbedarf
1	Norwegen	Fast 100 %	Nahezu 0 %	6,00 %
2	Italien	Fast 100 %	0,03 %	1,30 %
3	Island	92 %	0,60 %	15,70 %
4	Portugal	70 %	-	-
5	Spanien	50 %	1,00 %	2,00 %
6	Schweden	36 %	1,00 %	1,60 %
7	Dänemark	30 %	1,63 %	13,00 %
8	Luxemburg	Ca. 30 %	-	-
9	Großbritannien	Ca. 30 %	1,30 %	1,85 %
10	Österreich	Ca. 25 %	2,55 %	3,40 %
11	Frankreich	8 %	2,90 %	3, 60 %
12	Finnland	0 %	2,80 %	16,50 %
13	Belgien	Unter 5 %	3,00 %	3,00 %
14	**Deutschland**	**Unter 5 %**	**6,70 %**	**7,00 %**
15	Schweiz	Unter 5 %	5,60 %	5,80 %
16	Griechenland	niedrig	0,38 %	0,86 %
17	Irland	0 %	1,70 %	1,70 %
18	Niederlande	?	?	3,60 %

Man muss beachten, dass die Integrationsquote nur geschätzt ist.
Die Niederlande haben mit dem Schuljahr 1996/97 für alle Schulstufen die Integration eingeführt und es ist zu erwarten, dass die Integrationsquote rasch ansteigen wird, genauso wie in Österreich, wo die Einführung 1993 statt fand. Länder wie Irland oder Griechenland dürfen nicht grundsätzlich als integrationsfeindlich interpretiert werden, denn die Veränderung scheitert lediglich an fehlenden Ressourcen und Strukturen (Cloerkes, 2001, S.199).

6.1.2. Schulische Integration in Deutschland

Deutschland gehört zu jenen europäischen Ländern, die über ein sehr gut ausgebautes und nach Behinderungsarten differenziertes Sonderschulwesen verfügen.
Bundesweit liegt der Anteil der behinderten Kinder, die eine Sonderschule besuchen noch immer über 95% (Preuss-Lausitz, 1993, S.30). Das **Bundesministerium** bezifferte 1998 den Stand der schulischen Integration mit 4%.
Es lässt sich ein kontinuierlicher, jedoch aus finanzpolitischen Gründen nur langsamer Entwicklungsprozess erkennen. Auch die Schaffung der rechtlichen Grundlagen für schulische Integration geht in immer mehr Bundesländern voran. Am weitesten ist die Gesetzgebung in Schleswig-Holstein, Hessen, im Saarland und in Brandenburg. Nur in Bayern wird die zieldifferente Integration noch abgelehnt, bzw. auf Einzelfälle beschränkt und durch einzelne Modellversuche nach dem Kooperationsmodell ergänzt.

Beispiel Nordrhein-Westfalen:
Etwa 3,5% der Kinder und Jugendlichen mit sonderpädagogischem Förderbedarf werden integrativ beschult. Im Schuljahr 1995/96 besuchten 2500 behinderte Kinder eine Grundschule und 500 Jugendliche eine weiterführende Schule im Sekundarstufenbereich I (17 Grundschulen und 6 Hauptschulen). Zieldifferenter Unterricht in der Sekundarstufe I und II ist nur im Schulversuch möglich (an 18 Gesamtschulen und 6 Hauptschulen). Das Konzept der „sonderpädagogischen Förderklasse" wird als Lösung für die Integration in der Sekundarstufe I angestrebt (Cloerkes, 2001, S.203).

6.1.3. Kosten

Das Bundesverfassungsgericht (1997) hat in seinem Urteil vom 08.10.1997 entschieden, dass der gemeinsame Unterricht von behinderten und nichtbehinderten Kindern verwehrt werden kann, wenn nachgewiesen wird, dass die Kosten hierfür zu hoch sind.
Einige Untersuchungen (z.B. DIPF/Haug 1989, GEW Saar 1992) belegen, dass die Kosten für einen Schüler pro Jahr für Grund- und Hauptschüler bei durchschnittlich **9714,55 €** liegen.
Preuss-Lausitz (1998d, 36 f.) berechnete die Kosten einer Schule für Geistigbehinderte mit insgesamt 95 Schülern und einer Schule für Körperbehinderte mit 177 Schülern für das Jahr 1994 und gibt die Kosten für einen Schüler pro Jahr mit **22.923,77 €** für einen geistigbehinderten und mit **3413,38 €** für einen körperbehinderten Schüler an.
Einsparungen können durch wohnortnahe Beschulungsmöglichkeiten getroffen werden, da somit teure Beförderungs- und Unterbringungskosten wegfallen.
Die parallele Unterhaltung beider Systeme, also einmal die Integration in Regelschulen und zusätzlich Unterricht in Sonderschulen, ist die teuerste Lösung. Je mehr integrativ unterrichtet wird, desto günstiger fällt die Gesamtrechnung aus (Cloerkes, 2001).

6.2. Sozialentwicklung und Selbstbild behinderter Kinder

Der Erfolg von Integration wird in erster Linie am Kriterium **„positive Sozialentwicklung"** gemessen.
In einer Untersuchung überprüfte Wocken (1987) in Hamburger Grundschulen, ob der subjektive Eindruck der Schüler mit dem angestrebten Ziel sozialer Integration übereinstimmt.

Drei Ergebnisse wurden sichtbar:

o Behinderte nehmen seltener die positiv bewerteten Rollen „Beliebte" und „Anerkannte" ein, sind aber häufiger unter den „Lieblingen" im anderen Geschlecht vertreten und im Vergleich zu den Nichtbehinderten gibt es bei den Behinderten mehr „Unauffällige", „Unbeliebte" und „Außenseiter"

o Die affektiven Austauschbeziehungen zwischen Behinderten und Nichtbehinderten sind in hohem Maße ausgeglichen, die nichtbehinderten Schüler grenzen sich aber geringfügig stärker von den behinderten Mitschülern ab

o Für Körperbehinderte und Geistigbehinderte treffen tendenziell alle Rollen der Rollenskala zu, Kinder mit Lernbehinderungen und Verhaltensstörungen werden dagegen eher neutrale und negative Rollen zugeschrieben

Auch Feuser/Meyer (1987) berichten, dass nicht die Geistigbehinderten die schwersten Anforderungen an einen integrativen Unterricht stellen, sondern Schüler mit Verhaltensstörungen.
Integrationsklassen weisen im allgemeinen eine intakte Sozialstruktur auf. Außerdem wurde festgestellt, dass sich die Statusposition der behinderten Kinder im Laufe der Zeit verbessert hat und auch mehr außerschulische Kontakte geknüpft wurden, als in Regelklassen.
Die Untersuchungen zur sozialen Distanz zwischen Hauptschülern und Sonderschülern von Wocken aus dem Jahre 1983 zeigen, dass Sonderschüler durchaus ein positives Selbstkonzept haben und das Stigma „Dummheit" keine selbstwertbeeinträchtigende Wirkung hat. Behinderte akzeptieren sich so, wie sie sind. Sie gewähren den Hauptschülern zwar einen besseren Stand, machen aber keine großen Unterschiede zwischen ihnen und sich fest.
Allerdings haben sie Angst vor der Kritik anderer Menschen, ziehen sich sozial zurück und erleben soziale Distanz. Die Aufgabe der Integration ist es nun, dem entgegenzuwirken.
Jedoch stellt die formale Integration Behinderter nicht zwingend ihre soziale Integration innerhalb der Klasse sicher. Eine Erklärung für die allgemein niedrige soziometrische Position integrierter Lernbehinderte liegt darin, dass Beliebtheitsrangordnungen in Schulklassen auf den vorherrschenden Normen und Werten beruhen. Das äußere Erscheinungsbild, die schulische Leistung, das allgemeine Selbstwertgefühl, auffällige Verhaltensweisen und schulkonformes Sozialverhalten entscheiden über Sympathie und Antipathie.
Aus den meisten Untersuchungen gehen jedoch sehr positive Ergebnisse hervor. Die Kinder akzeptieren die gemeinsame Erziehung, die behinderten Kinder fühlen sich in ihren Integrationsklassen wohl und akzeptiert, gehen gerne zur Schule und sind toleranter gegenüber stigmatisierbaren Gruppen (z.B. Ausländer, unsportliche dicke Mitschüler...). Die integrative Schulerfahrung führt auch bei nichtbehinderten Schülern zu einer Zunahme der Akzeptanz von „Andersartigkeit" (Preuss-Lausitz, 1997 in Cloerkes, 2001). Durch den Umgang mit Behinderung lernen Kinder auch besser mit sich und ihren eigenen Schwächen und Problemen umzugehen.
Von der Integrationspädagogik wird Unterstützung und Begleitung erwartet, damit Jugendliche mit einer Behinderung zu einem geklärten, sich selbst akzeptierenden, Stärken und Schwächen integrierenden Selbstbild finden können. Dies stellt allerdings eine große Herausforderung für den Behinderten dar. Nicht jeder ist dem gewachsen. Integration schafft nämlich keinen Schonraum, sondern bewältigbare und verkraftbare Realitäten. Integration stärkt die personalen

Ressourcen und Kompetenzen aller Beteiligten. Während dieser Auseinandersetzung reifen die Menschen und gewinnen an Identität.

Insgesamt bleibt festzuhalten, dass die Kontakte zwischen Behinderten und Nichtbehinderten für eine neue Interaktions- und Kommunikationsdynamik sorgen. Ob daraus stabile positive soziale Erwartungen, Urteile und Einstellungen gegenüber Behinderten resultieren, bleibt weitgehend ungeklärt, da Integration noch nicht flächendeckend pädagogisch realisiert ist und somit wenige Untersuchungen und Vergleichsmöglichkeiten bestehen.

6.3. Urteile von Eltern über Integration

Zur Zeit bestehen viele Elterninitiativen, die auf Regional- und Länderebene schon viel erreicht haben. Als vorläufig letzter großer erfolg der Eltern ist die Entscheidung des Bundesverfassungsgericht vom August 1996 zum prinzipiellen Anspruch auf Integration behinderter Menschen zu verbuchen.

Eltern von behinderten, wie auch Eltern von nichtbehinderten Kindern machten positive kognitive und soziale Erfahrungen mit Integration. Die heutigen Modellversuche in Sekundarstufe I und II sind in den meisten Fällen nur gestartet worden, weil sich die Eltern von behinderten *und* nichtbehinderten Kindern gemeinsam für die Fortsetzung schulischer Integration aussprachen und politisch dafür kämpften.

Trotz der positiven Meinung dieser Eltern gibt es dennoch häufig von Seiten der nichtbehinderten Eltern Befürchtungen, dass die integrative Beschulung zu Lasten ihrer Kinder gehen könnte. Mit Hilfe von Modellen wie „Integration auf Probe" konnten diese Vorurteile beseitigt werden. Durchweg konnte eine Zufriedenheit beider Seiten festgestellt werden. Bis auf eine einzige Ausnahme wurden alle Erwartungen positiv erfüllt und die befragten Eltern würden ihr Kind wieder in eine Integrationsklasse einschulen. Sie sind der Meinung, dass Integration schon sehr früh, schon im Kindergarten, anfangen sollte und auch konstant weitergeführt werden sollte (Dumke/Krieger/Schäfer, 1989 in Cloerkes, 2001).

Abschließend sollte darauf aufmerksam gemacht werden, dass Integration sich nicht nur auf den schulischen Bereich bezieht, sondern auch auf die Freizeit, die berufliche Rehabilitation und Integration, sowie das integrative Wohnen.

Die außer- und nachschulische Integration ist deshalb als gleichwertig anzuerkennen.

7. Adressen

IBIS e.V.
Institut für Soziale Integration
Sehbehinderter und Blinder e.V.
Balthasarstraße 12
50676 Köln
Dr. Klaus Mönkemeyer
Telefon: 0221 / 271-90-70
e-mail: Inst.ISIS@t-online.de

Isar- ein Projekt zur Integration von
Schülerinnen und Schüler mit einer
Sehschädigung
e-mail: isar@ui-dortmund.de

Integrationsamt Köln

Landschaftsverband Rheinland
Integrationsamt
Kennedy-Ufer 2
50679 Köln

Telefon: 02 21/8 09-0
Fax: 02 21/8 09-42 91

E-Mail: post@lvr.de
Homepage: http://www.lvr.de

IFD
Integrationsfachdienst
für blinde und sehbehinderte Menschen
Lupusstraße 22
50670 Köln
Telefon 0221 / 2943-0

www.integrationsaemter.de

Ernst-Moritz-Arndt-Grundschule
Mainstr. 75
50996 Köln – Rodenkirchen
Tel.: 0221-3591385

Landesarbeitsgemeinschaft NRW
Gemeinsam Leben
Gemeinsam Lernen e.V.
Jürgen Tomas
Tiefe Str. 50
44145 Dortmund
Tel.: + 49 - 231 - 7 28 10 11
Fax.: + 49 - 231 - 81 00 41

8. HTZ- Integrative Kindertagesstätte Andernach

Heilpädagogisch-Therapeutisches Zentrum (HTZ)
Integrative Kindertagesstätte
Vulkanstr. 27
56626 Andernach
Tel.: 02632-923418

Die Integrative Kindertagesstätte des HTZ in Andernach liegt inmitten einer großzügigen
Parkanlage der Rhein-Mosel-Fachklinik und wurde im **August 1993** eröffnet.
Die KITA bietet eine ortsnahe Integration und adäquate Förderung.

Zahlen:

Die Kindertagesstätte betreut **30** behinderte und **70** nichtbehinderte Kinder im alter von 1,5 bis 6
Jahren, aufgeteilt in folgende Gruppen:

> ➤ 4 integrative Gruppen mit jeweils 16 nichtbehinderten und 4 behinderten Kindern
> ➤ 2 heilpädagogische Kleingruppen mit jeweils 7 behinderten Kindern
> ➤ 1 Krippengruppe mit bis zu 10 Kindern im Alter von 1,5 bis 3 Jahren

Mitarbeiter:

Ein Team, welches für die Förderung und Betreuung der Kinder zuständig ist, setzt sich aus
Mitarbeitern folgender Berufsgruppen zusammen:
**Erzieherinnen, Kinderkrankenschwestern, Kinderpflegerinnen, Erziehungshelferinnen,
Physiotherapeut, Ergotherapeut, Logopädin, Psychologe, Praktikantinnen.**

Konzept:

Die Konzeption berücksichtigt die didaktisch-methodischen Ansätze des Regelbereiches und die
des heilpädagogischen Kindergartens sowie die Besonderheiten eines Betriebskindergartens mit
flexiblen Öffnungszeiten.
Gleiche Zielsetzung besteht bei behinderten und nichtbehinderten Kindern, jedoch unter
Individualisierung und Differenzierung des heilpädagogischen und therapeutischen Handelns.
Desweiteren werden offene und gruppenübergreifende Projekte angeboten.

Gruppen:

In den beiden **heilpädagogischen Kleingruppen** werden jeweils 6-7 schwerbehinderte Kinder
von pädagogischen und therapeutischen Fachkräften betreut und gefördert.
Es wird darauf Wert gelegt, dass **Sprache und Intelligenz, Motorik und Wahrnehmung,**
sowie **Emotionalität und Sozialität** angeregt und gelenkt wird.
Die Kinder werden in ihrer Selbstständigkeit (An- und Ausziehen, Körperpflege, etc.) gefördert.

In den 4 **Integrativgruppen** werden die Kinder in den Bereichen Kreativität, Bewegung, Sprache, Selbstständigkeit, Wahrnehmung, Musik, sozialer Umgang miteinander, von pädagogischen und therapeutischen Fachkräften ganzheitlich betreut und gefördert. **Verantwortungsbewusstsein, freie Entfaltung der Persönlichkeit, Toleranz, Konfliktfähigkeit und Offenheit** sind nur einige der weiteren Ziele.

Im **Therapeutischen Bereich** arbeiten die Fachbereiche

Pädagogik
Ergotherapie
Physiotherapie
Logopädie
Psychologie
Pädiatrie (Kinderheilkunde)

interdisziplinär zusammen.

Außerdem werden verschiedene **Projekte,** wie z.b. **„Rhythmik", „Bildnerisches Gestalten", „Bewegungsbaustelle", „Musikalische Früherziehung", „Bilderbetrachtung" und „Psychomotorik"** angeboten.
Sie finden in Zusammenarbeit mit den Eltern statt und fördern die Bedürfnisse und Fähigkeiten der Kinder.

9. Erfahrungsbericht von Jenny H.

Jenny H. 15 Jahre alt, mit spina bifida (Fehlbildung der Wirbelsäule und des Rückenmarks ("offener Rücken")) zur Welt gekommen, die Füße sind gelähmt, läuft an Krücken, nicht geistig behindert.

„Als ich drei Jahre alt war, kam ich in die integrative Kindertagesstätte in Andernach. Die Zeit dort war sehr schön, da die dort total viele Spielmöglichkeiten haben, einen riesen - großen Garten und nette Erzieherinnen. Außerdem konnte ich meine Ergotherapie direkt vor Ort machen und musste nicht in die Stadt zu einem Ergotherapeuten.
Ich war in einer integrativen Gruppe und kann mich wirklich nicht daran erinnern, dass ich mich „anders" gefühlt hätte. Ich denke, dass lag auch am Alter. Es wurden alle gleich behandelt und auch die heilpädagogischen Kleingruppen, also die schwerstbehinderten Kinder, waren normal für uns. Das gehörte wie selbstverständlich alles dazu. Ja, ich glaube, dass die Kinder, die dort im HTZ waren, toleranter in Bezug auf Behinderungen sind, als Kinder aus normalen Kindergärten. Wie gesagt, alles gehörte ganz normal dazu, niemand wurde gehänselt oder ausgelacht.
Als ich 6 Jahre alt war, kam ich in eine Regelgrundschule. Dort habe ich mich gar nicht wohl gefühlt. Die anderen Kinder haben mich immer geärgert und wollten lieber mit anderen spielen. Wenn sie fangen gespielt haben, wussten sie ja eh, dass ich verliere. Gerade die Pausen waren schlimm. Meine Noten wurden dadurch viel schlechter. Es wurde zwar eine Rampe für meinen Rollstuhl gebaut und im Sport bekam ich eigene Aufgaben, aber ich hab mich -vielleicht sogar deswegen- nie so gefühlt, als würde ich dazu gehören.

Als ich 8 Jahre alt war, habe ich nach Neuwied ins HTZ gewechselt. Dort ist eine Behinderten-Gesamtschule, wobei es aber viele verschiedene Klassen gibt. Es gibt den geistigbehinderten, den mehrfach schwerbehinderten und den normalen Bereich, wo ich auch war. Die Klassen bestehen aus höchstens 13 Kindern, meist aber deutlich weniger. Während des Unterrichts ist ein Lehrer und ein Erzieher anwesend. Manchen Kindern aus meinem Bereich merkt man ihre Behinderung gar nicht an. Der Eine hat z.B. was am Herzen. Ich fühle mich in meiner Schule sehr wohl! Es gibt die verschiedensten Arten von Therapiemöglichkeiten, Krankengymnastik, Pflege, etc., und das alles in einem Gebäude. Niemand fühlt sich ausgegrenzt, keiner braucht sich für seine Behinderung zu schämen. Alle sind eins, obwohl es ja auch in dieser Schule „Außenseiter" gibt, da ich mich natürlich mit schwer geistig behinderten Kindern nicht so gut unterhalten oder beschäftigen kann, wie mit Kindern aus meinem normalen Bereich. Trotzdem wird keiner ausgegrenzt.
Die Lehrer können auch viel besser auf den Lernstoff und unsere Probleme eingehen, als damals in der Regelschule. Sie haben auch mehr Zeit und die Klassen sind kleiner.
Eigentlich finde ich Integration schon gut, aber ich persönlich habe damit schulisch eher schlechte Erfahrungen gemacht. Integration muss gut organisiert sein. Es müssen je nachdem Pflege- und Therapiemöglichkeiten vorhanden sein, und die anderen Kinder müssen mehr ermutigt werden, sich mit uns und unserer Einschränkung zu beschäftigen.
Ich habe auch viele normale Freunde, aber schulisch fühle ich mich hier einfach viel wohler. Alles ist an einem Platz und auf uns abgestimmt. Der Austausch untereinander ist auch viel besser, weil der eine den anderen besser versteht. Also ich würde die Schule nicht mehr wechseln.

10. Fazit

Die Aussage meiner Cousine hat mich nachdenklich gemacht. Ich persönlich habe Integration immer sehr befürwortet. Ich habe selbst schon während eines Praktikums in der Integrativen Kindertagesstätte in Andernach gearbeitet und bin der Meinung, dass Kinder schon sehr früh Toleranz und Akzeptanz gegenüber Behinderten lernen sollten. Um so selbstverständlicher und „normaler" wird es ihnen im fortschreitenden Alter vorkommen, dass es eben auch Menschen gibt, die anders aussehen oder andere Fähigkeiten und Schwächen haben, diese jedoch gleichwertig sind. Aus Sicht der Behinderten jedoch können durch eine Integration erhebliche Probleme (Hänseleien, nicht genügend Förderungsmöglichkeiten,...) entstehen. Ich denke, dass Integration von vorne herein sehr gut organisiert sein muss, und dass viele Erfahrungsberichte von behinderten Kindern und Jugendlichen notwendig sind, um eine einheitliche und zufriedenstellende Lösung für alle Beteiligten zu finden.

11. Diskussionsfrage

Ist eine Inklusion der Behinderten wirklich immer sinnvoll?
Versetzen Sie sich vor allem in die Lage eines behinderten Menschen!

Literaturverzeichnis

Cloerkes, G. (2001). Soziologie der Behinderten: eine Einführung. 2., neu bearbeitete und erweiterte Auflage. Heidelberg: Univ.-Verl. Winter

Hössl, A. (1997). Entwicklung integrativer Erziehung im Elementarbereich. In Eberwein, H. (Hrsg.), Handbuch Integrationspädagogik, Kinder mit und ohne Behinderung lernen gemeinsam (S. 147-155), 4.Auflage. Weinheim und Basel: Beltz Verlag

Kobi, E. (1999). Heilpädagogik als, mit, im System. Luzern: Ed. SZH/SPC

Prengel, A. (1995). Pädagogik der Vielfalt. 2. Auflage. Opladen: Leske+Budrich